Subject Pronouns

	Singular			Plural	
I	yo		we	nosotros (m)
				nosotras (f)
you	tú (someone your age or with whom you're familiar)		you	vosotros (m or group of m & f)
				vosotras (f)
	usted (used in formal situations)			ustedes
he	él		they	ellos (m or group of m & f)
she	ella		they	ellas (f)

The group *vosotros/vosotras* is rarely used in Hispanic America, but it is considered proper in Spain. For the sake of simplicity we omit the *vosotros/vosotras* form in this program.

Subject pronouns are usually omitted in Spanish when it is clear from the ending of the verb or context who the subject is. For example, in the sentence *"Quiero comer el almuerzo"* ("I want to eat lunch"), the ending of the verb implies the subject pronoun "I" . However, subject pronouns in Spanish sometimes help clarity, contrast, or emphasis and thus may be included.

The Verb *Ser* ("to be")

Ser is one of the most commonly used verbs in Spanish. It appears extensively in our song "Where Are You From?" to allow practice with conjugation of *ser*.

	Singular			Plural	
(yo) soy	I am		(nosotros/as) somos	we are
(tú) eres	you are			
(usted) es	you are		(ustedes) son	you are
(él/ella) es	(s)he is		(ellos/as) son	they are

Adjectives

Descriptive adjectives normally follow the nouns they modify (usually opposite of how we would phrase it in English), and they must agree with that noun in gender and number. Example: "The red house," is translated *la casa roja* ("the house red"). Adjectives whose masculine form ends in *-o* (the form shown in most dictionaries) have four endings to show agreement: *-o* (masculine, singular), *-a* (feminine, singular), *-os* (masculine, plural), *-as* (feminine, plural). Adjectives ending in a sound other than *-o* have only two forms. To show agreement in number, *-s* is added if the adjective ends in a vowel; *-es* if it ends in a consonant. For example, the singular form of *interesante* is changed to the plural form of *interesantes* ("interesting"), and the singular form of *ideal* is changed to the plural form of *ideales* ("ideal").

ROCK 'N LEARN®

SPANISH
VOLUME II

written by:
Melissa Caudle

composed, performed and arranged by:
Trey Hebert

male vocals:
Trey Hebert and Brad Caudle

female vocals:
Jean July

spoken voices:
**Susan Rand, Darryl Akin,
Ramón Torres, and Gloria Regil**

illustrations by:
Anthony Guerra

cover illustration by:
Randy Rogers

The Spanish Alphabet
El Alfabeto de Español

A	B	C	CH	D	E		
F	G	H	I	J	K		
L	LL	M	N	Ñ	O		
P	Q	R	RR	S	T		
U	V	W	X	Y	Z		

a	b	c	ch	d	e		
f	g	h	i	j	k		
l	ll	m	n	ñ	o		
p	q	r	rr	s	t		
u	v	w	x	y	z		

Where Are You From?
¿De Dónde Eres?

We are from different places.
Nosotros somos de lugares diferentes.

What country am I from?
¿De qué país soy yo?

I am from the United States.
Yo soy de los Estados Unidos.

What country are you from?
¿De qué país eres tú?

You are from Canada.
Tú eres del Canadá.

What country is he from?
¿De qué país es él?

He is from Mexico.
El es de México.

What country is she from?
¿De qué país es ella?

She is from Puerto Rico.
Ella es de Puerto Rico.

What country are they from?
¿De qué país son ellos?

They are from Panama.
Ellos son de Panamá.

What country are we from?
¿De qué país somos nosotros?

We are from Venezuela.
Nosotros somos de Venezuela.

My Family
Mi Familia

the father..................el padre	the cousin (male).....el primo
the mother...............la madre	the cousin (female)..la prima
the parents..............los padres	the cousins...............los primos
the son....................el hijo	the grandfather........el abuelo
the daughter............la hija	the grandmother......la abuela
the children.............los hijos	the grandparents......los abuelos
the brother..............el hermano	the grandson............el nieto
the sister.................la hermana	the granddaughter...la nieta
the brother(s) & sister(s).................	the grandchildren.....los nietos
...............................los hermanos	the stepfather...........el padrastro
the older brother.....el hermano mayor	the stepmother.........la madrastra
the younger sister...la hermana menor	the step brother.......el hermanastro
	the step sister..........la hermanastra
	the dog......................el perro
the uncle..................el tío	the cat.......................el gato
the aunt....................la tía	the fish.....................el pez
the uncle(s) & aunt(s).....................	
...............................los tíos	

My family is very large.
Mi familia es muy grande.

My family is small.
Mi familia es pequeña.

My grandparents are old.
Mis abuelos son viejos.

Mine are too.
Los míos son también.

My grandfather is tall.
Mi abuelo es alto.

My grandmother is short.
Mi abuela es baja.

Your sister is pretty and your brothers are handsome.
Tu hermana es bonita y tus hermanos son guapos.

Yes, and my sister is also nice.
Sí, y mi hermana también es simpática.

Do you have a cat or a dog?
¿Tienes un gato o un perro?

Yes, I have one dog and three cats. And you?
Sí, tengo un perro y tres gatos. ¿Y tú?

I only have a cat.
Tengo un gato solamente.

My cats are always sleepy.
Mis gatos siempre tienen sueño.

My cat is very fat.
Mi gato es muy gordo.

My cats are fat too, but my dog is thin.
Mis gatos son gordos también, pero mi perro es flaco.

Do you have any aunts or uncles?
¿Tienes tíos?

Yes, my uncles, aunts, and cousins have houses in Mexico.
Sí, mis tíos y primos tienen casas en México.

Do you visit your family in Mexico?
¿Visitas a tu familia en México?

Yes, but many times they visit me.
Sí, pero muchas veces ellos me visitan.

Do you have any aunts or uncles?
¿Tienes tíos?

Yes, my aunt lives in Venezuela, and my uncle lives in New Mexico.
Sí, mi tía vive en Venezuela y mi tío vive en Nuevo México.

I need to go eat lunch with my family now. Later I want to talk more.
Necesito ir a almorzar con mi familia ahora. Después quiero charlar más.

See you later.
Hasta luego.

Counting Up To One Hundred
Contando Hasta Cien

To learn numbers up to one hundred,
Para aprender los números hasta
  el cien,

Let's count by tens
Vamos a contar por decenas

Then I'll teach you a trick
Entonces te enseñaré un truco

So you'll always win
Para que siempre ganes

To make numbers in between
Para hacer los números entre
  las decenas

Add a number from one to nine
Añade un número del uno al nueve

Let me give you some examples
Déjame darte algunos ejemplos

To make it easy for your mind
Para hacerlo fácil a tu mente

ten	diez	nineteen	diecinueve
twenty	veinte	twenty-one	veintiuno
thirty	treinta	thirty-two	treinta y dos
forty	cuarenta	forty-three	cuarenta y tres
fifty	cincuenta	fifty-four	cincuenta y cuatro
sixty	sesenta	sixty-five	sesenta y cinco
seventy	setenta	seventy-six	setenta y seis
eighty	ochenta	eighty-seven	ochenta y siete
ninety	noventa	ninety-eight	noventa y ocho
one hundred	cien		

Remember from Spanish Volume I that eleven, twelve, thirteen, fourteen, and fifteen have their own words.
Requerda que del Volumen Uno en Español los números once, doce, trece, catorce y quince tienen sus propias palabras.

I have twenty-four black pencils.
Tengo veinticuatro lápices negros.

My aunt has thirty-two carrots.
Mi tía tiene treinta y dos zanahorias.

My cousins have sixty-eight apples.
Mis primos tienen sesenta y ocho manzanas.

Sometimes Spanish and English cannot be translated word for word.
A veces el español y el inglés no se pueden traducir palabra por palabra.

In English you say "I am twelve years old."
En inglés se dice "Soy doce años viejo."

In Spanish you say "I have twelve years."
En español se dice "Tengo doce años."

Wow! Spanish says it differently!
¡Caramba! ¡El español se expresa de una manera distinta!

I am fourteen years old.
Tengo catorce años.

My mother is forty-six years old.
Mi madre tiene cuarenta y seis años.

My father is fifty-one years old.
Mi padre tiene cincuenta y un años.

My grandparents are seventy-five years old.
Mis abuelos tienen setenta y cinco años.

The Calendar
El Calendario

<u>The days of the week</u>   <u>Los días de la semana</u>

    Monday   lunes

    Tuesday   martes

    Wednesday   miércoles

    Thursday   jueves

    Friday   viernes

    Saturday   sábado

    Sunday   domingo

<u>The months of the year</u>   <u>Los meses del año</u>

    January   enero

    February   febrero

    March   marzo

    April   abril

    May   mayo

    June   junio

    July   julio

    August   agosto

    September   septiembre

    October   octubre

    November   noviembre

    December   diciembre

When is your birthday?
¿Cuándo es tu cumpleaños?

My birthday is in January.
Mi cumpleaños es en enero.

My birthday falls on Monday this year.
Mi cumpleaños cae en lunes este año.

Pablo's birthday is the twenty-third of February.
El cumpleaños de Pablo es el veintitrés de febrero.

When is your grandmother's birthday?
¿Cuándo es el cumpleaños de tu abuela?

My grandmother's birthday is the thirty-first of March.
El cumpleaños de mi abuela es el treinta y uno de marzo.

Maria's birthday falls on Tuesday this year.
El cumpleaños de María cae en martes este año.

Juan's birthday is on Wednesday, the fourth of April.
El cumpleaños de Juan es el miércoles cuatro de abril.

The fifth of May is a day of celebration.
El cinco de mayo es un día de celebración.

If today is the thirtieth of June, then tomorrow is July first.
Si hoy es el treinta de junio, entonces mañana es el primero de julio.

If today is Thursday, then tomorrow is Friday.
Si hoy es jueves, entonces mañana es viernes.

My cousins' birthdays are in August, September, and October.
Los cumpleaños de mis primos son en agosto, septiembre y octubre.

Saturdays and Sundays are days to play.
Los sábados y los domingos son días para jugar.

November has thirty days.
Noviembre tiene treinta días.

We say "Merry Christmas" in December.
Decimos "Feliz Navidad" en diciembre.

The Seasons
Las Estaciones

We use many words when we talk about the four seasons.
Usamos muchas palabras cuando hablamos de las cuatro estaciones.

the spring	la primavera
the clouds	las nubes
the mud	el lodo
the rain	la lluvia
the puddle	el charco

the summer	el verano
the fan	el abanico
the butterfly	la mariposa
the sprinkler	la regadera

the winter	el invierno
the ice	el hielo
the shovel	la pala
the log	el tronco
the snow	la nieve
the icicle	el carámbano
the sled	el trineo

the fall	el otoño
the leaf	la hoja
the rake	el rastrillo
the wind	el viento
the fog	la niebla

the sun	el sol
the day	el día
the moon	la luna
the night	la noche

What Do You Like To Do?
¿Qué Te Gusta Hacer?

What do you like to do in the spring?
¿Qué te gusta hacer en la primavera?

I like to walk in the rain with
    my parents.
Me gusta caminar en la lluvia con
    mis padres.

That is what I like to do in the spring.
Eso es lo que me gusta hacer en
    la primavera.

What do you like to do in the summer?
¿Qué te gusta hacer en el verano?

I like to swim with my cousins in
    the sea.
Me gusta nadar con mis primos
    en el mar.

That is what I like to do in
    the summer.
Eso es lo que me gusta hacer en
    el verano.

What do you like to do in the fall?
¿Qué te gusta hacer en el otoño?

I like to use a rake to clean the yard.
Me gusta usar un rastrillo para limpiar
    el jardín.

That is what I like to do in the fall.
Eso es lo que me gusta hacer en
    el otoño.

What do you like to do in the winter?
¿Qué te gusta hacer en el invierno?

I like to play in the snow with my
    brothers and sisters.
Me gusta jugar en la nieve con
    mis hermanos.

That is what I like to do in the winter.
Eso es lo que me gusta hacer en
    el invierno.

What Time Is It?
¿Qué Hora Es?

In English you say "What time is it?" when you want to know the time.
En inglés se dice "¿Qué tiempo es?" cuando quieres saber la hora.

In Spanish you say "What hour is it?" when you want to know the time.
En español se dice "¿Qué hora es?" cuando quieres saber la hora.

What time is it?
¿Qué hora es?

It is one.
Es la una.

What time is it?
¿Qué hora es?

It is three.
Son las tres.

What time is it?
¿Qué hora es?

It is five.
Son las cinco.

What time is it?
¿Qué hora es?

It is six.
Son las seis.

What time is it?
¿Qué hora es?

It is eight.
Son las ocho.

What time is it?
¿Qué hora es?

It is eleven.
Son las once.

What time do you go to school?
¿A qué hora vas a la escuela?

I go to school at eight.
Voy a la escuela a las ocho.

When do you want to eat lunch?
¿Cuándo quieres comer el almuerzo?

I want to eat lunch at twelve.
Quiero comer el almuerzo a las doce.

Question Words
Palabras Interrogativas

To make a question, there are words you need to know.
Para hacer una pregunta, hay palabras que necesitas saber.

Who (singular)	¿Quién?
Who (plural)	¿Quiénes?
What	¿Qué?
Which	¿Cuál?
Where	¿Dónde?
When	¿Cuándo?
Why	¿Por qué?
How	¿Cómo?
How much, How many (singular masculine)	¿Cuánto?
How much, How many (plural masculine)	¿Cuántos?
How much, How many (singular feminine)	¿Cuánta?
How much, How many (plural feminine)	¿Cuántas?

What is this?
¿Qué es esto?

It is a billfold.
Es una cartera.

How much does it cost?
¿Cuánto cuesta?

It only costs twenty-five dollars.
Cuesta veinticinco dólares
        solamente.

I want to buy the billfold.
Quiero comprar la cartera.

Where is the bathroom?
¿Dónde está el baño?

The bathroom is in the back.
El baño está atrás.

How do you say "thank you" in Spanish?
¿Cómo se dice "thank you" en español?

Gracias.

Directions
Direcciones

to the left	a la izquierda	the border	la frontera
to the right	a la derecha	the city	la ciudad
the map	el mapa	the house	la casa
the lake	el lago	the library	la biblioteca
the ocean	el océano	the museum	el museo
the sea	el mar	the restaurant	el restaurante
the river	el río	the bank	el banco
the island	la isla	the cinema	el cine
the mountain	la montaña	the church	la iglesia
the north	el norte	the hospital	el hospital
the south	el sur	the store	la tienda
the east	el este	the park	el parque
the west	el oeste	the hotel	el hotel

Where is the map of the city?
¿Dónde está el mapa de la ciudad?

Here is the map.
Aquí está el mapa.

To go to the restaurant, we need to go east from the hotel.
Para ir al restaurante, necesitamos ir al este del hotel.

If we want to go to the park, we go north, and then we go to the right at the library.
Si queremos ir al parque, vamos al norte y entonces vamos a la derecha en la biblioteca.

After we take a walk in the park, we can go to the cinema.
Después de dar un paseo en el parque, podemos ir al cine.

Where is the river?
¿Dónde está el río?

The river is west of the church.
El río está al oeste de la iglesia.

El Alfabeto de Inglés
The English Alphabet

A B C D E F
G H I J K L
M N O P Q R
S T U V W X
Y Z

a b c d e f
g h i j k l
m n o p q r
s t u v w x
y z

¿De Dónde Eres?
Where Are You From?

Nosotros somos de lugares diferentes.
We are from different places.

¿De qué país soy yo?
What country am I from?

Yo soy de los Estados Unidos.
I am from the United States.

¿De qué país eres tú?
What country are you from?

Tú eres del Canadá.
You are from Canada.

¿De qué país es él?
What country is he from?

El es de México.
He is from Mexico.

¿De qué país es ella?
What country is she from?

Ella es de Puerto Rico.
She is from Puerto Rico.

¿De qué país son ellos?
What country are they from?

Ellos son de Panamá.
They are from Panama.

¿De qué país somos nosotros?
What country are we from?

Nosotros somos de Venezuela.
We are from Venezuela.

Mi Familia
My Family

el padre	the father	el primo	the cousin (male)
la madre	the mother	la prima	the cousin (female)
los padres	the parents	los primos	the cousins
el hijo	the son	el abuelo	the grandfather
la hija	the daughter	la abuela	the grandmother
los hijos	the children	los abuelos	the grandparents
el hermano	the brother	el nieto	the grandson
la hermana	the sister	la nieta	the granddaughter
los hermanos	the brother(s) & sister(s)	los nietos	the grandchildren
el hermano mayor	the older brother	el padrastro	the stepfather
la hermana menor	the youger sister	la madrastra	the stepmother
el tío	the uncle	el hermanastro	the step brother
la tía	the aunt	la hermanastra	the step sister
los tíos	the uncle(s) & aunt(s)	el perro	the dog
		el gato	the cat
		el pez	the fish

Mi familia es muy grande.
My family is very large.

Mi familia es pequeña.
My family is small.

Mis abuelos son viejos.
My grandparents are old.

Los míos son también.
Mine are too.

Mi abuelo es alto.
My grandfather is tall.

Mi abuela es baja.
My grandmother is short.

Tu hermana es bonita y tus
    hermanos son quapos.
Your sister is pretty and your
    brothers are handsome.

Sí, y mi hermana también es
    simpática.
Yes, and my sister is also nice.

¿Tienes un gato o un perro?
Do you have a cat or a dog?

Sí, tengo un perro y tres gatos.
    ¿Y tú?
Yes, I have one dog and three cats.
    And you?

Tengo un gato solamente.
I only have a cat.

Mis gatos siempre tienen sueño.
My cats are always sleepy.

Mi gato es muy gordo.
My cat is very fat.

Mis gatos son gordos, también, pero
    mi perro es flaco.
My cats are fat, too, but my dog
    is thin.

¿Tienes tíos?
Do you have any aunts or uncles?

Sí, mis tíos y primos tienen casas
    en México.
Yes, my uncles, aunts, and cousins
    have houses in Mexico.

¿Visitas a tu familia en México?
Do you visit your family in Mexico?

Sí, pero muchas veces ellos
    me visitan.
Yes, but many times they visit me.

¿Tienes tíos?
Do you have any aunts or uncles?

Sí, mi tía vive en Venezuela, y mi tío
    vive en Nuevo México.
Yes, my aunt lives in Venezuela,
    and my uncle lives in
    New Mexico.

Necesito ir a almorzar con mi familia
    ahora. Después quiero
    charlar más.
I need to go eat lunch with my family
    now. Later I want to
    talk more.

Hasta luego.
See you later.

Contando Hasta Cien
Counting Up To One Hundred

Para aprender los números hasta
  el cien,
To learn numbers up to one hundred,

Vamos a contar por decenas
Let's count by tens

Entonces te enseñaré un truco
Then I'll teach you a trick

Para que siempre ganes
So you'll always win

Para hacer los números entre
  las decenas
To make numbers in between

Añade un número del uno al nueve
Add a number from one to nine

Déjame darte algunos ejemplos
Let me give you some examples

Para hacerlo fácil a tu mente
To make it easy for your mind

diez	ten	diecinueve	nineteen
veinte	twenty	veintiuno	twenty-one
treinta	thirty	treinta y dos	thirty-two
cuarenta	forty	cuarenta y tres	forty-three
cincuenta	fifty	cincuenta y cuatro	fifty-four
sesenta	sixty	sesenta y cinco	sixty-five
setenta	seventy	setenta y seis	seventy-six
ochenta	eighty	ochenta y siete	eighty-seven
noventa	ninety	noventa y ocho	ninety-eight
cien	one hundred		

Tengo veinticuatro lápices negros.
I have twenty-four black pencils.

Mi tía tiene treinta y dos zanahorias.
My aunt has thirty-two carrots.

Mis primos tienen sesenta y ocho manzanas.
My cousins have sixty-eight apples.

A veces el español y el inglés no se pueden traducir palabra por palabra.
Sometimes Spanish and English cannot be translated word for word.

En español se dice "Tengo doce años."
In Spanish you say "I have twelve years."

En inglés se dice "Soy doce años viejo."
In English you say "I am twelve years old."

¡Caramba! ¡El inglés se expresa de una manera distinta!
Wow! English says it differently!

Tengo catorce años.
I am fourteen years old.

Mi madre tiene cuarenta y seis años.
My mother is forty-six years old.

Mi padre tiene cincuenta y un años.
My father is fifty-one years old.

Mis abuelos tienen setenta y cinco años.
My grandparents are seventy-five years old.

El Calendario
The Calendar

Los días de la semana	The days of the week
lunes	Monday
martes	Tuesday
miércoles	Wednesday
jueves	Thursday
viernes	Friday
sábado	Saturday
domingo	Sunday

Los meses del año	The months of the year
enero	January
febrero	February
marzo	March
abril	April
mayo	May
junio	June
julio	July
agosto	August
septiembre	September
octubre	October
noviembre	November
diciembre	December

¿Cuándo es tu cumpleños?
When is your birthday?

Mi cumpleaños es en enero.
My birthday is in January.

Mi cumpleaños cae en lunes
  este año.
My birthday falls on Monday
  this year.

El cumpleaños de Pablo es el
  veintitrés de febrero.
Pablo's birthday is the twenty-third
  of February.

¿Cuándo es el cumpleaños de
  tu abuela?
When is your grandmother's birthday?

El cumpleaños de mi abuela es el
  treinta y uno de marzo.
My grandmother's birthday is the
  thirty-first of March.

El cumpleaños de María cae en
  martes este año.
Maria's birthday falls on Tuesday
  this year.

El cumpleaños de Juan es el
  miércoles cuatro de abril.
Juan's birthday is on Wednesday,
  the fourth of April.

El cinco de mayo es un día
  de celebración.
The fifth of May is a day
  of celebration.

Si hoy es el treinta de junio, entonces
  mañana es el primero
  de julio.
If today is the thirtieth of June, then
  tomorrow is July first.

Si hoy es jueves, entonces mañana
  es viernes.
If today is Thursday, then tomorrow
  is Friday.

Los cumpleaños de mis primos son
  en agosto, septiembre
  y octubre.
My cousins' birthdays are in August,
  September, and October.

Los sábados y los domingos son días
  para jugar.
Saturdays and Sundays are days
  to play.

Noviembre tiene treinta días.
November has thirty days.

Decimos "Feliz Navidad" in diciembre.
We say "Merry Christmas" in
  December.

Las Estaciones
The Seasons

Usamos muchas palabras cuando hablamos de las cuatro estaciones.
We use many words when we talk about the four seasons.

la primavera	the spring
las nubes	the clouds
el lodo	the mud
la lluvia	the rain
el charco	the puddle

el verano	the summer
el abanico	the fan
la mariposa	the butterfly
la regadera	the sprinkler

el invierno	the winter
el hielo	the ice
la pala	the shovel
el tronco	the log
la nieve	the snow
el carámbano	the icicle
el trineo	the sled

el otoño	the fall
la hoja	the leaf
el rastrillo	the rake
el viento	the wind
la niebla	the fog

el sol	the sun
el día	the day
la luna	the moon
la noche	the night

¿Qué Te Gusta Hacer?
What Do You Like To Do?

¿Qué te gusta hacer en la primavera?
What do you like to do in the spring?

Me gusta caminar en la lluvia con
 mis padres.
I like to walk in the rain with
 my parents.

Eso es lo que me gusta hacer en
 la primavera.
That is what I like to do in the spring.

¿Qué te gusta hacer en el verano?
What do you like to do in
 the summer?

Me gusta nadar con mis primos
 en el mar.
I like to swim with my cousins in the sea.

Eso es lo que me gusta hacer en
 el verano.
That is what I like to do in
 the summer.

¿Qué te gusta hacer en el otoño?
What do you like to do in the fall?

Me gusta usar un rastrillo para limpiar
 el jardín.
I like to use a rake to clean the yard.

Eso es lo que me gusta hacer en
 el otoño.
That is what I like to do in the fall.

¿Qué te gusta hacer en el invierno?
What do you like to do in the winter?

Me gusta jugar en la nieve con
 mis hermanos.
I like to play in the snow with my
 brothers and sisters.

Eso es lo que me gusta hacer en
 el invierno.
That is what I like to do in the winter.

¿Qué Hora Es?
What Time Is It?

En español se dice "Qué hora es?" cuando quieres saber la hora.
In Spanish you say "What hour is it?" when you want to know the time.

En inglés se dice "¿Qué tiempo es?" cuando quieres saber la hora.
In English you say "What time is it?" when you want to know the time.

¿Qué hora es? What time is it?	¿Qué hora es? What time is it?	¿Qué hora es? What time is it?

Es la una. It is one.	Son las tres. It is three.	Son las cinco. It is five.
¿Qué hora es? What time is it?	¿Qué hora es? What time is it?	¿Qué hora es? What time is it?

Son las seis. It is six.	Son las ocho. It is eight.	Son las once. It is eleven.

¿A qué hora vas a la escuela?
What time do you go to school?

Voy a la escuela a las ocho.
I go to school at eight.

¿Cuándo quieres comer el almuerzo?
When do you want to eat lunch?

Quiero comer el almuerzo a las doce.
I want to eat lunch at twelve.

Palabras Interrogativas
Question Words

Para hacer una pregunta, hay palabras que necesitas saber.
To make a question, there are words you need to know.

¿Quién?	Who (singular)
¿Quiénes?	Who (plural)
¿Qué?	What
¿Cuál?	Which
¿Dónde?	Where
¿Cuándo?	When
¿Por qué?	Why
¿Cómo?	How
¿Cuánto?	How much, How many (singular masculine)
¿Cuántos?	How much, How many (plural masculine)
¿Cuánta?	How much, How many (singular feminine)
¿Cuántas?	How much, How many (plural feminine)

¿Qué es esto?
What is this?

Es una cartera.
It is a billfold.

¿Cuánto cuesta?
How much does it cost?

Cuesta veinticinco dólares
 solamente.
It only costs twenty-five dollars.

Quiero comprar la cartera.
I want to buy the billfold.

¿Dónde está el baño?
Where is the bathroom?

El baño está atrás.
The bathroom is in the back.

¿Cómo se dice "gracias" en inglés?
How do you say "gracias" in English?

Thank you.

Direcciones
Directions

a la izquierda	to the left	la frontera	the border
a la derecha	to the right	la ciudad	the city
el mapa	the map	la casa	the house
el lago	the lake	la biblioteca	the library
el océano	the ocean	el museo	the museum
el mar	the sea	el restaurante	the restaurant
el río	the river	el banco	the bank
la isla	the island	el cine	the cinema
la montaña	the mountain	la iglesia	the church
el norte	the north	el hospital	the hospital
el sur	the south	la tienda	the store
el este	the east	el parque	the park
el oeste	the west	el hotel	the hotel

¿Dónde está el mapa de la ciudad?
Where is a map of the city?

Aquí está el mapa.
Here is the map.

Para ir al restaurante, necesitamos ir al este del hotel.
To go to the restaurant, we need to go east from the hotel.

Si queremos ir al parque, vamos al norte y entonces vamos a la derecha en la biblioteca.
If we want to go to the park, we go north, and then we go to the right at the library.

Después de dar un paseo en el parque, podemos ir al cine.
After we take a walk in the park, we can go to the cinema.

¿Dónde está el río?
Where is the river?

El río está al oeste de la iglesia.
The river is west of the church.

Rock 'N Learn offers a wide selection of audio/book programs sold in school supply stores, book stores, and other locations. To find a retailer near you, call 1-800-348-8445.

MATH PROGRAMS

Rock 'N Learn's authentic "Top 40" sound makes math cool! Activity books have reproducible puzzles, worksheets, and games. High-interest for learners of all ages.

Rock Versions
ADDITION & SUBTRACTION ROCK   RL906   ISBN 1-878489-06-2
MULTIPLICATION ROCK   RL905   ISBN 1-878489-05-4
DIVISION ROCK   RL941   ISBN 1-878489-41-0

Rap Versions
ADDITION RAP   RL909   ISBN 1-878489-09-7
SUBTRACTION RAP   RL910   ISBN 1-878489-10-0
MULTIPLICATION RAP   RL907   ISBN 1-878489-07-0
MULTIPLICATION RAP (CD Version)   RL937   ISBN 1-878489-37-2
MULTIPLICACION RAP (Spanish version)   RL927   ISBN 1-878489-27-5
DIVISION RAP   RL903   ISBN 1-878489-08-9

Country Versions
MULTIPLICATION COUNTRY   RL925   ISBN 1-878489-25-9
ADDITION & SUBTRACTION COUNTRY   RL933   ISBN 1-878489-33-X

READING AND GRAMMAR PROGRAMS

Highly effective for beginning or remedial learners, these programs feature fun music, sound effects, and a related book. Letter Sounds includes a 55-minute tape; Phonics Vol. I & II has two 50-minute tapes. Grammar teaches nouns, pronouns, and verbs.

LETTER SOUNDS—Phonics for Beginners   RL911   ISBN 1-878489-11-9
PHONICS (VOL. I & II)   RL900   ISBN 1-878489-00-3
GRAMMAR (VOL. I)   RL929   ISBN 1-878489-29-1

FOREIGN LANGUAGE PROGRAMS

Teaches familiar greetings, expressions, numbers, colors, parts of the body, food, and more. Side A is English to Spanish/French, Side B is Spanish/French to English.

SPANISH (VOL. I)   RL919   ISBN 1-878489-19-4
FRENCH (VOL. I)   RL926   ISBN 1-878489-26-7

SOCIAL STUDIES PROGRAMS

Fun tape/book programs combine a cool "Top 40" sound with educational lyrics.

STATES & CAPITALS RAP   RL915   ISBN 1-878489-15-1
BUILDING SELF-ESTEEM   RL943   ISBN 1-878489-43-7

EARLY CHILDHOOD PROGRAMS

These exciting programs feature an interactive learning approach for ages 2-5. Each includes a 50-minute tape with catchy songs & fun characters, plus a full-color book.

COLORS, SHAPES & COUNTING   RL932   ISBN 1-878489-32-1
ANIMALS   RL949   ISBN 1-878489-49-6